Verbtraining B1

Verben mit Vorsilben

Gisela Darrah

Inhaltsverzeichnis

FSC
www.fsc.org
MIX
Papier aus ver-
antwortungsvollen
Quellen
Paper from
responsible sources
FSC® C105338

Herstellung und Verlag: BoD – Books on Demand,
Norderstedt
ISBN: 9783755792253

Vorwort

Das Verb ist das Herz des Satzes. Die Verbbedeutung, der Fall und die Präposition, wie sich also das Verb im Satz verhält, diese Faktoren bestimmen den ganzen Satzbau.

Es gibt viele sehr unterschiedliche Verben mit Vorsilben, teilweise mit mehreren Bedeutungen und Verwendungsmöglichkeiten.

Das Ziel dieses Buches ist es, durch Übung mehr Geläufigkeit beim Verstehen und Verwenden dieser Verben zu erlangen. Natürlich ist es unmöglich, alle Verben in allen Zeiten zu üben, deshalb beschränke ich mich auf sechs Verben für jede Vorsilbe und auf die Zeiten Präsens, Perfekt und Präteritum.

In den Beispielsätzen wird gezeigt, welche hauptsächlichen Bedeutungen und Anwendungsmöglichkeiten ein Verb hat, wie die grammatikalische Form ist und welche Verbindungen im Satz möglich sind. Allerdings habe ich mich in der Stufe B1 noch auf die Hauptbedeutung der Verben oder leicht verständliche Bedeutungen beschränkt. Zu viele und ausgefallene Varianten würden die Lernenden auf dieser Stufe überfordern.

Eine Klammer bei möglichen Satzverbindungen ( ) zeigt an, dass dies eine Möglichkeit darstellt, aber nicht zwingend der Fall ist.

Zum Beispiel:
mit Akkusativ *= Hier muss ich zwingend einen Akkusativ verwenden.*
„Er hebt den Stift auf."

(mit Akkusativ) = Hier kann ein Akkusativ verwendet werden, es gibt aber auch Sätze ohne Objekt.
„Er hat hier unterschrieben."
„Er hat den Mietvertrag unterschrieben."

Die Übungen erfolgen in zwei Stufen. Zunächst geht es um die Bildung der richtigen Form in verschiedenen Zeiten. Dann muss der/die Lernende selbst entscheiden, welches Verb und welche Zeit passt.

Zu diesen Verben mit Vorsilben gibt es auf meinem YouTube Kanal die passenden Videos, sodass die Lerner auch die Aussprache hören können.

Ich wünsche allen Lehrenden und Lernenden viel Erfolg.

Allgemeines über Vorsilben

Es gibt **trennbare** und **untrennbare** Vorsilben.

....

Trennbare Vorsilben erkennt man daran, dass sie **betont** sind.

<u>Sie werden im Präsens getrennt und bilden ihr Partizip 2 mit -ge- in der Mitte, außer wenn das Grundverb eine untrennbare Vorsilbe hat wie be- ent- etc.</u>

Beispiel: aufmachen – er macht auf – er hat aufgemacht
....

Untrennbare Vorsilben sind **unbetont**.

<u>Das Verb bleibt im Präsens zusammen und bildet sein Partizip 2 ohne -ge-.</u>

Beispiel: unter<u>schreiben</u> – er unter<u>schreibt</u> – er hat unter<u>schrieben</u>
....

<u>Jede Vorsilbe hat</u> **eine allgemeine Bedeutung, manchmal mehrere,**

die beim Verständnis von Verben hilfreich sein können.

Manche Verben haben noch Sonderbedeutungen, die hier nicht berücksichtigt werden.
....

Es gibt einige Verben, die gleich aussehen, aber unterschiedliche Bedeutungen haben. **<u>Einmal ist die Vorsilbe betont, zum anderen</u>**

<u>unbetont.</u>

Beispiel: <u>um</u>gehen – Er geht nicht gut mit seiner Katze um.

um<u>gehen</u> – Wir umgehen die Baustelle.

Diese sind durch Unterstreichen der betonten Silbe markiert.

Die Unterscheidung der Zeiten

Um Perfekt und Präteritum zu unterscheiden, habe ich für das **<u>Präteritum</u>** offiziellere Beispiele gewählt, wie sie **<u>in der Zeitung, in Büchern oder Berichten</u>** vorkommen. . Im **<u>Perfekt</u>** gibt es Beispiele aus dem privaten Bereich, wo **<u>mündlich</u>** kommuniziert wird.

Welche Zeit passt?

Präsens: Die Situation ist **<u>gerade jetzt aktuell</u>**, oder in einem aktuellen Zeitraum (heute Vormittag, heute). Auch **<u>Zukünftiges</u>** kann ich im Präsens ausdrücken, wenn eine Zeitangabe dabei ist, die dies zeigt.
(Morgen gehe ich zum Arzt.)
Auch Handlungen, die **<u>immer geschehen</u>**, stehen im Präsens.
(Die Sonne geht im Osten auf.)

Perfekt: Die Situation befindet sich **<u>im Alltag</u>**, die Personen sprechen über Alltägliches in der Vergangenheit.
(Hast du schon die Kinder vom Kindergarten abgeholt?)

Präteritum: **<u>Hauptsächlich schriftlich für Vergangenes</u>** verwendet, ist es die Zeitform der formellen Schriftsprache, des Berichts. Man findet es in der Zeitung, in Geschäftsberichten und Romanen.

Verben mit der Vorsilbe „**ab**"

Allgemeine Bedeutung der Vorsilbe:
etwas beenden oder verändern

Beispiele:
<u>ab</u>waschen: Etwas ist nicht mehr schmutzig.
<u>ab</u>heben: Das Geld ist nicht mehr auf dem Konto.

Die Vorsilbe ist **<u>betont und trennbar.</u>** Daher wird das Partizip 2 mit „ge" in der Mitte gebildet.

z. B. abgestimmt, abgewaschen ...

<u>abholen – holt ab – hat abgeholt – holte ab</u>   **<u>mit Akkusativ</u>**

Präsens:
Frau Müller fährt jetzt zum Kindergarten und **holt** ihre Tochter Sara **ab**.

Perfekt: Gestern **hat** sie Sara nicht **abgeholt**, weil ihr Mann das getan hat.

Präteritum: Der Außenminister **holte** seinen schwedischen Amtskollegen vom Flughafen **ab**.

<u>absagen – sagt ab – hat abgesagt – sagte ab</u>   **<u>mit Akkusativ</u>**

Präsens: Ich **sage** meinen Termin beim Jobcenter **ab**, weil ich krank bin.

Perfekt: Maria **hat** ihren Besuch bei mir **abgesagt**, denn sie muss länger arbeiten.

Präteritum: Familie Ludwig **sagte** ihre Reise nach Italien **ab**.

ablehnen – lehnt ab – hat abgelehnt – lehnte ab
mit Akkusativ (es … zu + Infinitiv)

Präsens: Manche Leute **lehnen** es **ab**, sich impfen zu lassen. Sie sind dagegen.

Perfekt: Mein Bruder **hat** es **abgelehnt**, mit mir zu sprechen. Er ist noch sauer auf mich.

Präteritum: Der Kunde **lehnte** das neue Angebot **ab**, da es zu teuer war.

abheben – hebt ab - hat abgehoben – hob ab   **mit Akkusativ**

Präsens: Jeder Spieler **hebt** die oberste Karte **ab**, bevor er beginnt.

Perfekt: Til **hat** 200 Euro von seinem Konto **abgehoben**, um sich ein Sportgerät zu kaufen.

Präteritum: Die Kundin **hob** gerade Geld am Automaten **ab**, als sich der Überfall ereignete.

abstimmen – stimmt ab - hat abgestimmt – stimmte ab
+ über + Akkusativ

Präsens: In unserer Klasse **stimmen** wir gerade darüber **ab**, wer Klassensprecher wird.

Perfekt: Die Arbeitnehmer **haben** darüber **abgestimmt**, wie die Arbeitszeit geregelt werden soll.

Präteritum: Das Parlament **stimmte** gestern über das neue Gesetz **ab.**

abwaschen – wäscht ab - hat abgewaschen – wusch ab
(mit Akkusativ)

Präsens: Wer **wäscht** heute **ab**? Da ist so viel Geschirr in der Küche.

Perfekt: Ich **habe** das Obst schon **abgewaschen**. Du kannst es essen.

Präteritum: Bevor er die schmutzige Pfanne benutzte, **wusch** er sie **ab.**

Übungen:

1. *Ergänzen Sie das Verb „abholen" im Perfekt:*

   .... Ella schon das Paket bei der Post .... ?

2. *Ergänzen Sie das Verb „ablehnen" im Präteritum:*

   Der Bürgermeister................. das Angebot ....
   Er war nicht einverstanden.

3. *Ergänzen Sie das Verb „absagen" im Präsens:*

   Warum .... du die Teilnahme am Kurs ....?

4. *Ergänzen Sie das Verb „abstimmen" im Perfekt:*

   Die Klasse .... über den Ausflug ....

5. *Ergänzen Sie das Verb „abwaschen" im Präsens:*

   Frau Müller .... die Teller und Tassen gleich ....

6. *Ergänzen Sie das Verb „abheben" im Präteritum:*

   Die Kundin .... das gesamte Geld von ihrem Konto ....

Welches Verb passt? Welche Zeit passt? Ergänzen Sie:

1. Leider .... der Patient den Arzttermin ....

2. Das Geschirr ist schon sauber. Papa .... es ....

3. Ich .... jetzt bei der Bank 100 € ....

4. In der Zeitung steht: Das Parlament .... gestern über die

   neuen Maßnahmen ....

5. In der Zeitung steht:

   Der Richter .... eine Neuverhandlung ....

6. .... du die Kinder schon von der Schule ....?

Verben mit der Vorsilbe „*an*"

Allgemeine Bedeutung der Vorsilbe:

zu etwas hin, auf etwas zu

Beispiele:
anbieten: Ich wende mich an jemanden und zeige ihm etwas.
anmelden: Ich gehe zu einem Büro und und fülle etwas aus.

Die Vorsilbe an ist betont und trennbar. *Deshalb wird das Partizip 2 mit -ge- in der Mitte gebildet.*

anbieten – bietet an – hat angeboten – bot an
mit Akkusativ (+ Dativ)

Präsens: *Die Verkäuferin* **bietet** *mir verschiedene Hosen zum Anprobieren* **an.**

Perfekt: *Mein Freund* **hat** *mir für meinen Umzug seine Hilfe* **angeboten.** *Das ist super.*

Präteritum: *Frau Schmitt* **bot** *den Gästen Kaffee und Kuchen* **an.**

angeben – gibt an – hat angegeben – gab an
mit Akkusativ
(Es gibt auch eine Bedeutung ohne Objekt: er gibt an = er prahlt)

Präsens: *Walter* **gibt** *im Geschäft seine Adresse und seine Telefonnummer* **an.**

Perfekt: *Wir* **haben** *unsere Namen bei der Anmeldung* **angegeben.**

Präteritum: *Der Politiker* **gab an,** *dass er nichts von der Sache gewusst habe.*

anrufen - ruft an – hat angerufen – rief an
(mit Akkusativ)

Präsens: *Du **rufst** am besten diese Nummer **an**, die können dir weiterhelfen.*

Perfekt: *Gestern **hat** mein Schwager **angerufen**, weil er meine Hilfe braucht.*

Präteritum: *Der Kunde **rief an** und beschwerte sich, weil das Produkt nicht funktioniert.*

anmelden – meldet an – hat angemeldet - meldete an
mit Akkusativ

Präsens: *Ich **melde** meinen Sohn im Fußballverein **an**.*

Perfekt: *Frau Avci **hat** sich für einen Intensivkurs **angemeldet**.*

Präteritum: *Herr Wolters **meldete** sein Auto **an**.*

ankommen – kommt an – ist angekommen – kam an

Präsens: *Das Flugzeug **kommt** um 12.40 Uhr **an**.*

Perfekt: ***Ist** der Brief bei Ihnen **angekommen**? Bitte geben Sie Bescheid.*

Präteritum: *Präsident Biden **kam** am Mittwoch zum Staatsbesuch in Frankreich **an**.*

ankündigen – kündigt an – hat angekündigt – kündigte an
(mit Akkusativ) (dass-Satz)

Präsens: *Hiermit **kündige** ich **an**, dass meine Tochter Anna bald heiraten wird.*

Perfekt: *Die Hausverwaltung **hat angekündigt**, dass die Rauchmelder geprüft werden.*

Präteritum: *Die Regierung **kündigte** Steuererhöhungen **an**.*

Übungen:

1. *Ergänzen Sie das Verb „anmelden" im Präsens:*

   Katja .... sich bei der Sprachschule für einen Kurs ....

2. *Ergänzen Sie das Verb „anbieten" im Präteritum:*

   Frau Schmitt .... ihren Gästen Kaffee und Kuchen ....

3. *Ergänzen Sie das Verb „ ankündigen" im Perfekt:*

   Die Lehrerin .... der Klasse einen Test ....

4. *Ergänzen Sie das Verb „angeben" im Perfekt:*

   Antonio .... beim Bürgerbüro seine Adresse ....

5. *Ergänzen Sie das Verb „anrufen" im Präteritum:*

   Gestern .... meine Schwester bei mir ....

6. *Ergänzen Sie das Verb „ankommen" im Präsens:*

   Der Zug nach Mainz .... heute mit Verspätung ....

Welches Verb passt? Welche Zeit passt? Ergänzen Sie:

1. Ich .... mich heute Morgen im Sportverein .... Jetzt bin ich Mitglied.

2. Gestern .... der Bundeskanzler neue Gesetze ....

3. Ich habe auf euch gewartet, aber das Flugzeug .... nicht

   pünktlich   ....

4. Schau mal, ich .... dir Schokolade ....

5. Der Angeklagte .... seinen Namen und sein Geburtsdatum ....

6. Vor zehn Minuten .... dein Bruder .... Rufe ihn bitte dringend zurück.

Verben mit der Vorsilbe „auf"

Allgemeine Bedeutungen der Vorsilbe:
„nach oben", „etwas bemerken" oder „stoppen"
(Es gibt noch einige Sonderbedeutungen.)

Beispiele:
auffallen – etwas bemerken
aufhalten – stoppen
aufhören - stoppen
aufheben – nach oben

Die Vorsilbe ist betont und trennbar. Deshalb wird das Partizip 2 mit -ge- in der Mitte gebildet.

………………………………………………………………………………………

auffallen – fällt auf – ist aufgefallen – fiel auf (mit Dativ) (es …, dass)

Präsens: Mir **fällt auf**, dass deine Haare heute sehr schön aussehen.

Perfekt: Es **ist** dem Mann **aufgefallen**, dass sein Auto ein merkwürdiges Geräusch machte.

Präteritum: Die Schauspielerin **fiel** mit ihrem roten Kleid sehr **auf.**

………………………………………………………………………………………

aufhalten – hält auf – hat aufgehalten – hielt auf   **mit Akkusativ**

Präsens: Deine vielen Fragen **halten** mich **auf**. Ich muss arbeiten.

Perfekt: Unsere Zugfahrt verzögert sich um weitere zehn Minuten. Ein kleines technisches Problem **hat** uns **aufgehalten.**

Präteritum: Der Festzug bewegte sich langsam durch die Stadt. Die große Menschenmenge **hielt** ihn **auf.**

<ins>aufheben – hebt auf – hat aufgehoben – hob auf</ins>   **<ins>mit Akkusativ</ins>**

Präsens: *Amir* **hebt** *seinen Stift vom Boden* **auf***.*

Perfekt: *Du brauchst dich nicht mehr zu bücken. Lisa* **hat** *die Mütze schon* **aufgehoben.**

Präteritum: *Die Regierung* **hob** *die Coronabeschränkungen* **auf***.*

....

<ins>aufladen – lädt auf – hat aufgeladen – lud auf</ins>   **<ins>mit Akkusativ</ins>**

Präsens: *Ich* **lade** *mein Handy jetzt* **auf***.*

Perfekt: *Peter* **hat** *seinen Laptop schon* **aufgeladen.**

Präteritum: *Der Lehrer bereitete sich auf den Unterricht vor. Er* **lud** *auch seinen Laptop* **auf***, damit er ein Video zeigen konnte.*

....

<ins>aufwachen – wacht auf – ist aufgewacht – wachte auf</ins>

Präsens: *Meine Nachbarin* **wacht** *immer sehr früh* **auf***.*

Perfekt: *Oje. Ich* **bin** *heute zu spät* **aufgewacht.**

Präteritum: *Der Patient* **wachte** *um 17 Uhr aus der Narkose* **auf***.*

....

<ins>auftreten – tritt auf – ist aufgetreten – trat auf</ins>

Präsens: *Heute Abend gehe ich ins Theater. Eine berühmte Schauspielerin* **tritt auf***.*

Perfekt: *Das Konzert war toll. Eine gute Band* **ist aufgetreten***.*

Präteritum: *Gestern* **trat** *im Prinzen-Theater ein junger Komiker* **auf***.*

....

Übungen:

1. *Ergänzen Sie das Verb „aufwachen" im Perfekt:*

   Mein Wecker hat nicht geklingelt. Darum .... ich heute

   Morgen zu spät ....

2. *Ergänzen Sie das Verb „auftreten" im Präsens:*

   Ich fahre nach Mannheim. Dort .... meine

   Lieblingsband ....

3. *Ergänzen Sie das Verb „auffallen" im Präteritum:*

   Der Mann .... durch seine leuchtend rote Jacke ....

4. *Ergänzen Sie das Verb „aufladen" im Perfekt:*

   .... du dein Handy schon .... ?

5. *Ergänzen Sie das Verb „aufhalten" im Perfekt:*

   Auf dem Weg .... mich leider eine Baustelle ....

6. *Ergänzen Sie das Verb „ aufheben" im Präsens:*

   Elena .... ihre Tasche .... und geht zur Tür.

Welches Verb passt? Welche Zeit passt? Ergänzen Sie:

1. Otto .... heute Morgen sehr früh ....

2. Schau mal, dort .... mir eine Frau mit einem großen Hut ....

3. Gabi .... ihren Laptop jeden Tag ....

4. Gestern .... ich auf der Straße einen Euro ....

5. Heute Abend .... mein Lieblingsschauspieler in Theater ....

6. Halt! Stopp! .... Sie bitte diesen Mann .... !

Verben mit der Vorsilbe „aus"

Allgemeine Bedeutung der Vorsilbe:
„aus etwas heraus" oder „komplett".

Beispiele:

<u>aus</u>sprechen – Die Sprache kommt aus dem Mund heraus.
<u>aus</u>geben – Das Geld kommt aus dem Geldbeutel heraus.
<u>aus</u>füllen – Der Text wird durch das Ausfüllen komplett.

<u>Die Vorsilbe „aus" ist betont und trennbar.</u> Deshalb wird das Partizip 2 mit -ge- in der Mitte gebildet.

....

<u>aussprechen – spricht aus – hat ausgesprochen – sprach aus</u>
<u>mit Akkusativ</u>

Präsens: Waldemar **spricht** dieses Wort nicht richtig **aus**.

Perfekt: Ich stimme dir zu. Da **hast** du ein wahres Wort **ausgesprochen**.

Präteritum: Bei der Geburtstagsfeier **sprach** der Chef Glückwünsche **aus**.
....

<u>ausgeben – gibt aus – hat ausgegeben – gab aus</u>   **<u>mit Akkusativ</u>**

Präsens: Wir **geben** diesen Monat nicht viel Geld **aus**.

Perfekt: Katharina <u>hat</u> für ihren Mantel 240 € **ausgegeben**.

Präteritum: Die Lehrerin **gab** die Kopien an die Klasse **aus**.

__ausdrucken – druckt aus – hat ausgedruckt – druckte aus__
__mit Akkusativ__

Präsens: Die Sekretärin __druckt__ den Brief an den Klienten __aus__.

Perfekt: Ich __habe__ die Unterlagen für dich schon __ausgedruckt__.

Präteritum: Der Versicherungsagent __druckte__ den Vertrag für die

Lebensversicherung __aus__.
....

__ausfallen – fällt aus – ist ausgefallen – fiel aus__
(wegen / auf Grund + Genitiv)

Präsens: *Der Unterricht* **fällt** *heute wegen Erkrankung der Lehrerin* **aus**.

Perfekt: *Leider* **ist** *mein Zug* **ausgefallen** *und ich musste eine Stunde warten.*

Präteritum: *Auf Grund des schlechten Wetters* **fiel** *das Open-Air-Konzert* **aus**.

....

__ausgehen – geht aus – ist ausgegangen – ging aus__ (....mit ...)   (+ Dativ)

Präsens: *Marina* **geht** *am Abend mit ihrem Freund* **aus**.

Perfekt: *Tut mir leid, wir haben keine Avocados mehr. Sie* **sind** *uns* **ausgegangen**.

Präteritum: *Der Chef* **ging** *mit dem Geschäftspartner* **aus**.

....
__ausfüllen – füllt aus – hat ausgefüllt – füllte aus__   **mit Akkusativ**

Präsens: *Der Teilnehmer* **füllt** *zuerst ein Anmeldeformular* **aus**.

Perfekt: *Egon* **hat** *seinen Testbogen noch nicht* **ausgefüllt**.

Präteritum: *Anna* **füllte** *einen Paketschein* **aus** *und schickte ihren Eltern ein Geschenk.*

Übungen

1. _Ergänzen Sie das Verb „ausfüllen" im Präteritum:_

   Die Kundin .... einen Retoureschein ....

2. _Ergänzen Sie das Verb „ausdrucken" im Präsens:_

   Bitte .... Sie diesen Brief heute noch .... !

3. _Ergänzen Sie das Verb „aussprechen" im Perfekt:_

   Du .... dieses Wort nicht richtig ....

4. _Ergänzen Sie das Verb „ausgeben" im Perfekt:_

   Frau Konrad .... in der Boutique viel Geld ....

5. _Ergänzen Sie das Verb „ausgehen" im Präsens:_

   Munir .... gern am Samstag Abend ....

6. _Ergänzen Sie das Verb „ausfallen" im Präteritum:_

   Am 05.01.22 .... der Unterricht wegen Erkrankung

   des Lehrers ....

Welches Verb passt? Welche Zeit passt? Ergänzen Sie:

1. Herr Wolf .... gestern im Baumarkt viel Geld ....

2. Ich .... heute Abend mit meinen Freunden ....

3. Bericht im Klassenbuch: Die Teilnehmer .... ihre Formulare

   ordnungsgemäß ....

4. Die Sekretärin .... den Brief sofort für Sie ....

6. Leider .... der Englischkurs heute ....

7. Der Lehrer ist zufrieden. Die Schüler .... das Wort richtig

   ....

Verben mit der Vorsilbe „*be*"

Allgemeine Bedeutung der Vorsilbe:
„*auf etwas hin*", „ *für jemanden*".

(Die Vorsilbe „be" wird auch verwendet, um aus einem Verb ohne Objekt ein Verb mit Objekt zu machen.
antworten – kein Objekt
beantworten - Akkusativ)

Beispiele:
be<u>handeln</u> – Die Behandlung ist für jemanden.
be<u>antworten</u> – Die Antwort ist für jemanden.
be<u>achten</u> – Ich schenke jemandem oder etwas Aufmerksamkeit.

<u>Die Vorsilbe ist unbetont und nicht trennbar.</u> *Deshalb wird das Partizip 2 ohne -ge- gebildet.*

....

<u>behandeln – behandelt – hat behandelt – behandelte   mit Akkusativ</u>

Präsens: *Der Arzt* **behandelt** *mein krankes Bein.*

Perfekt: *Du* **hast** *mich nicht gut* **behandelt**. *Ich bin böse mit dir.*

Präteritum: *Der Facharzt* **behandelte** *den Patienten mit Akupunktur.*
....

<u>beantworten – beantwortet – hat beantwortet – beantwortete mit Akkusativ</u>

Präsens: *Wenn du mir schreibst,* **beantworte** *ich deinen Brief sofort.*

Perfekt: Habe *ich deine Frage ausreichend* **beantwortet**?

Präteritum: *Ihr Kundendienst* **beantwortete** *leider meine Fragen nicht.*

beachten – beachtet – hat beachtet – beachtete   **_mit Akkusativ_**

Präsens: _Herr Huber_ **_beachtet_** _alle Verkehrsregeln, wenn er Auto fährt._

Perfekt: _Leider_ **_hast_** _du die Grammatikregeln nicht_ **_beachtet._**

Präteritum: _Die alte Frau hätte Hilfe benötigt, aber leider_ **_beachteten_** _die Leute sie nicht._

....

beantragen – beantragt – hat beantragt – beantragte   **_mit Akkusativ_**

Präsens: _Die Ware ist leicht beschädigt. Wir_ **_beantragen_** _eine Ermäßigung._

Perfekt: _Frau Wolters_ **_hat_** _für ihr Baby Kindergeld_ **_beantragt._**

Präteritum: _Am 12. 10._ **_beantragte_** _ich eine Kur für meine Tochter. Bisher habe ich noch keine Antwort bekommen._

....

bedanken – bedankt – hat bedankt – bedankte   **_reflexiv_** _(+ für + bei)_

Präsens: _Ich_ **_bedanke_** _mich ganz herzlich bei Ihnen für die schnelle Antwort._

Perfekt: _Dieter hat mir einen Pulli geschenkt. Ich_ **_habe_** _mich sofort bei ihm_ **_bedankt._**

Präteritum: _Die Schauspielerin_ **_bedankte_** _sich bei ihrem Publikum für den begeisterten Beifall._

....

benötigen – benötigt – hat benötigt – benötigte   **_mit Akkusativ_**

Präsens: _Ich_ **_benötige_** _für meine Küche eine neue Spülmaschine._

Perfekt: _Ella hat sich über deine Hilfe beim Umzug sehr gefreut. Sie_ **_hat_** _sie dringend_ **_benötigt._**

Präteritum: _Die Schülerin_ **_benötigte_** _für ihren Kurs noch das passende Buch._

Übungen

1. _Ergänzen Sie das Verb „beantragen" im Präsens:_

   Ich .... hiermit eine Fristverlängerung.

2. _Ergänzen Sie das Verb „behandeln" im Präteritum:_

   Der Chefarzt .... den Patienten erfolgreich.

3. _Ergänzen Sie das Verb „benötigen" im Präsens:_

   Wir .... von Ihnen eine Unterschrift.

4. _Ergänzen Sie das Verb „beachten" im Perfekt:_

   Klaus .... das Tempolimit nicht ....

5. _Ergänzen Sie das Verb „bedanken" im Präteritum:_

   Die Kundin .... sich für die gute Beratung.

6. _Ergänzen Sie das Verb „ beantworten" im Perfekt:_

   Du .... meine E-Mail noch nicht ....

Welches Verb passt? Welche Zeit passt? Ergänzen Sie:

1. _Sie haben mir sehr geholfen. Ich .... mich bei Ihnen._

2. _............... der Arzt dich mit Medikamenten .... ?_

3. _Das Finanzamt .... einen Beleg über den Verdienst._

4. _Sie fuhren bei Rot über die Straße. Sie .... die Ampel nicht._

5. _............... du den Brief schon .... ? Ja._

6. _Ich .... hiermit Kindergeld für meine Tochter._

Verben mit der Vorsilbe „*ein*"

Allgemeine Bedeutung der Vorsilbe:
„*in etwas hinein*"

Beispiele:

<u>ein</u>packen – Ich packe eine Sache in eine Kiste oder Tüte.
<u>ein</u>schlafen – Ich gehe in den Schlaf hinein.
<u>ein</u>kaufen – Ich bringe Lebensmittel zu mir nach Hause.

<u>Die Vorsilbe ist betont und trennbar.</u> Deshalb wird das Partizip 2 mit -ge- in der Mitte gebildet.

....

<u>einpacken – packt ein – hat eingepackt – packte ein</u>   **<u>mit Akkusativ</u>**

Präsens: Frau Kunz **packt** ihre Schwimmsachen **ein**, sie will zum Schwimmbad gehen.

Perfekt: Der Schüler **hat** alle Hefte und Bücher **eingepackt**, die er für die Schule braucht.

Präteritum: Die Bluse gefiel Sandra nicht. Sie **packte** sie wieder **ein** und schickte sie zurück.
....

<u>einkaufen – kauft ein – hat eingekauft – kaufte ein</u>

Präsens: Wann **kaufen** Sie **ein**? Meistens kaufen wir am Samstag ein.

Perfekt: Du brauchst nicht mehr einzukaufen. Ich **habe** schon **eingekauft**.

Präteritum: Die Verbraucher **kauften** dieses Jahr mehr **ein** als im Jahr zuvor.

einladen – lädt ein – hat eingeladen – lud ein   mit Akkusativ

Präsens: Wir **laden** euch alle herzlich zu unserer Hochzeit **ein**.

Perfekt: Karin hat eine neue Wohnung. Sie **hat** uns zu ihrer Einweihungsparty **eingeladen**.

Präteritum: Die Stadtverwaltung **lud** alle Bürger zur Bürgerversammlung **ein**.

....

eintragen – trägt ein – hat eingetragen – trug ein   mit Akkusativ

Präsens: Jeder Teilnehmer **trägt** seinen Namen in die Anwesenheitsliste **ein**.

Perfekt: Ich **habe** mich für die Mithilfe beim Schulfest **eingetragen**.

Präteritum: Die freiwilligen Helfer **trugen** sich in eine Liste **ein**.

....

einnehmen – nimmt ein – hat eingenommen – nahm ein
mit Akkusativ

Präsens: Das Sofa ist sehr groß und **nimmt** einen großen Raum **ein**.

Perfekt: Wir **haben** beim Weihnachtsmarkt Kuchen verkauft und viel Geld **eingenommen**.

Präteritum: Die Firma machte in diesem Jahr gute Geschäfte und **nahm** viel Geld **ein**.

....

einschalten – schaltet ein – hat eingeschaltet – schaltete ein

Präsens: Meine Lieblingssendung kommt im Fernsehen. Da **schalte** ich natürlich **ein**.

Perfekt: Ich **habe** die Kaffeemaschine **eingeschaltet**, gleich gibt es frischen Kaffee.

Präteritum: Die Dokumentation war langweilig. Nicht viele Zuschauer **schalteten ein**.

Übungen

1. *Ergänzen Sie das Verb „einschalten" im Perfekt:*

   Ich .... meinen Laptop gerade ....

2. *Ergänzen Sie das Verb „einpacken" im Präsens:*

   Der Unterricht ist zu Ende. Die Schüler .... ihre Bücher
   ....

3. *Ergänzen Sie das Verb „eintragen" im Präteritum:*

   Der Gast .... seinen Namen in das Formular ....

4. *Ergänzen Sie das Verb „einkaufen" im Perfekt:*

   Herr und Frau Walter .... am Samstag ....

5. *Ergänzen Sie das Verb „einnehmen" im Präteritum:*

   Der Patient .... die Tabletten dreimal täglich ....

6. *Ergänzen Sie das Verb „einladen" im Präsens:*

   Yamen hat Geburtstag. Er .... viele Freunde ....

Welches Verb passt? Welche Zeit passt? Ergänzen Sie:

1. Der Unterricht beginnt. Die Schüler .... sich gerade in die

   Teilnehmerliste ....

2. Wir .... die Tropfen genau nach Anweisung des Arztes

   .... Aber die Schmerzen sind noch nicht besser.

3. Letzte Woche .... wir nicht .... Jetzt ist der
   Kühlschrank leer.

4. Ich .... jetzt alles in das Paket ....

5. Der Kunde .... das Gerät ...., aber leider funktionierte
   es nicht.

6. Du .... mich zu deiner Party .... Ich komme gern.

Verben mit der Vorsilbe „*ent*"

Allgemeine Bedeutung der Vorsilbe ent-
<u>Wenn das Verb aus einem Nomen gebildet ist: Etwas wird weggenommen.</u>

Beipiele: die Schuld – ent<u>schuldigen</u>
Die Schuld wird weggenommen.
die Sorge – ent<u>sorgen</u>
Die Sorge wird weggenommen.

<u>Wenn das Verb aus einem Adjektiv gebildet ist: los, weg, Beginn von etwas</u>

Beispiel: fern – ent<u>fernen</u>

<u>Die Vorsilbe ist unbetont und nicht trennbar.</u> Deshalb bildet man das Partizip 2 ohne „ge".

……………………………………………………………………………………

<u>entdecken – entdeckt – hat entdeckt – entdeckte</u>   **<u>mit Akkusativ</u>**
(dass-Satz)

Präsens: *Wer eine neue Sprache lernt,* **entdeckt** *jeden Tag etwas Neues.*

Perfekt: *Karl* **hat entdeckt***, dass die Farbe Blau ihm am besten steht.*

Präteritum: *Kolumbus* **entdeckte** *Amerika. Oder waren es doch die Wikinger?*

……………………………………………………………………………………

<u>enthalten – enthält – hat enthalten – enthielt</u>   **<u>mit Akkusativ</u>**
(reflexiv, + Genitiv)

Präsens: *Das Mineralwasser* **enthält** *viele Mineralien.*

Perfekt: *Ich habe das Buch gelesen, es* **hat** *viele interessante Informationen* **enthalten***.*

Präteritum: *Vier Abgeordnete* **enthielten** *sich der Stimme.*

entscheiden – entscheidet – hat entschieden – entschied
(reflexiv, für + Akk.) (dass-Satz) (reflexiv, zwischen .... und ....)

Präsens: Ayman **entscheidet** sich für einen Intensivkurs. Er möchte schnell lernen.

Perfekt: Wir **haben entschieden**, dass unser Kind in eine Ganztagsschule gehen soll.

Präteritum: Das Gericht **entschied** sich für einen neuen Verhandlungstermin.
....

entschließen – entschließt – hat entschlossen - entschloss
  reflexiv   (zu + Infinitiv)

Präsens: Er **entschließt** sich zu einer Operation.

Perfekt: Maria **hat** sich **entschlossen**, Florian zu heiraten.

Präteritum: Der Kunde **entschloss** sich, unser Angebot anzunehmen.
....

entsorgen – entsorgt – hat entsorgt – entsorgte   **mit Akkusativ**

Präsens: Emma **entsorgt** ihre alten Schuhe.

Perfekt: Jörg **hat** alte Elektrogeräte im Wertstoffhof **entsorgt**.

Präteritum: Familie Rot **entsorgte** einige Möbel beim Sperrmüll .
....

enttäuschen – enttäuscht – hat enttäuscht – enttäuschte   **mit Akkusativ**

Präsens: Es **enttäuscht** mich, dass es schon wieder regnet.

Perfekt: Das neue Gerät **hat** mich **enttäuscht**. Nach drei Wochen ist es schon kaputt.

Präteritum: Der Auftritt des Sängers **enttäuschte** das Publikum.

Übungen

1. *Ergänzen Sie das Verb „entsorgen" im Perfekt:*

   Gestern .... ich mein altes Sofa ....

2. *Ergänzen Sie das Verb „enthalten" im Präsens:*

   Dieses Getränk .... Orangensaft, Zucker und Wasser.

3. *Ergänzen Sie das Verb „entdecken" im Präteritum:*

   Lange suchte Frau Walter ihre Brille.

   Schließlich .... sie sie unter dem Sofa.

4. *Ergänzen Sie das Verb „ enttäuschen" im Perfekt:*

   Das Theaterstück .... mich sehr ....
   Es war nicht so gut, wie ich es mir vorgestellt hatte.

5. *Ergänzen Sie das Verb „entschließen" im Präteritum:*

   Herr Kurz .... sich, mehr Sport zu treiben und ins
   Fitnessstudio
      zu gehen.

6. *Ergänzen Sie das Verb „entscheiden" im Präsens:*

   Brigitte .... sich für die blaue Jacke, weil sie gut zu ihrem
   Kleid passt.

Welches Verb passt? Welche Zeit passt? Ergänzen Sie:

1. Das Medikament .... Eisen und Magnesium.

2. Wer .... denn eigentlich Amerika ....?

3. In der Zeitung steht: Das Konzert .... die Zuschauer, es
   entsprach nicht dem gewohnten, hohen Standard.

4. Die alten Schuhe waren kaputt. Ich .... sie ....

5. Ich .... mich ...., ab morgen nicht mehr zu rauchen.
6. Elvira .... sich zwischen dem roten und dem schwarzen Auto.

Verben mit der Vorsilbe „*er*"

Allgemeine Bedeutung der Vorsilbe:
„*etwas in den Blickpunkt rücken*",
„*etwas zustande kommen lassen*".

Beispiele:
erfinden – etwas Neues zustande kommen lassen
erfahren – etwas hören und in den Blickpunkt rücken

Die Vorsilbe ist unbetont und nicht trennbar, deshalb wird das Partizip 2 ohne „ge-" gebildet.

....

erfinden – erfindet – hat erfunden – erfand   **mit Akkusativ**

Präsens: Meine Schwester **erfindet** immer neue Kochrezepte.

Perfekt: Wer **hat** die Glühbirne **erfunden**? Ich glaube, Thomas Edison.

Präteritum: Im Jahre 1861 **erfand** der Lehrer Philipp Reis das erste Telefon.

....

erfahren – erfährt – hat erfahren – erfuhr   *(mit Akkusativ) (dass-Satz)*

Präsens: Gerade **erfahre** ich, dass der Unterricht ausfällt.

Perfekt: **Hast** du schon die Neuigkeit **erfahren**? Meine Frau hat ein Baby bekommen.

Präteritum: Als der Bürgermeister von dem Problem **erfuhr**, organisierte er eine Versammlung.

erfüllen – erfüllt – hat erfüllt – erfüllte *(mit Akkusativ)*
(reflexiv – Mein Traum erfüllt sich.)

Präsens: *Mein größter Traum* **erfüllt** *sich jetzt: Ich kaufe ein Auto.*

Perfekt: *Ich* **habe** *alle erforderlichen Voraussetzungen* **erfüllt***, jetzt kann ich nach China einreisen.*

Präteritum: *Ihre Bewerbung* **erfüllte** *unsere Vorstellungen von einem neuen Mitarbeiter.*

....

erfordern – erfordert – hat erfordert – erforderte *(mit Akkusativ)*
(dass-Satz)

Präsens: *Diese Prüfung zu bestehen,* **erfordert** *viel Anstrengung.*

Perfekt: *Die neue Arbeitsstelle* **hat erfordert***, dass wir nach München umgezogen sind.*

Präteritum: *Die Ausführung der Arbeit* **erforderte** *höchste Konzentration.*

....

ergänzen – ergänzt – hat ergänzt – ergänzte **_mit Akkusativ_**

Präsens: *Die Schüler* **ergänzen** *die Verben in der richtigen Form.*

Perfekt: *Ich* **habe** *noch einiges auf der Einkaufsliste* **ergänzt***.*

Präteritum: *Ein Mitarbeiter* **ergänzte***, dass es eine neue Software gebe, mit der dieses Problem gelöst werden könne.*

....

erreichen – erreicht – hat erreicht – erreichte **_mit Akkusativ_**

Präsens: *Der Sportler* **erreicht** *mit dieser Leistung einen neuen Rekord.*

Perfekt: *Leider* **habe** *ich nicht genug Punkte* **erreicht,** *um die Prüfung zu bestehen.*

Präteritum: *Die Wirtschaft* **erreichte** *dieses Jahr eine Steigerung des Wachstums.*

Übungen

1. *Ergänzen Sie das Verb „erfordern" im Präsens:*

   Dieser Job .... viel Erfahrung und Einfühlungsvermögen.

2. *Ergänzen Sie das Verb „ergänzen" im Perfekt:*

   Ich .... zu deinen Notizen noch etwas ....

3. *Ergänzen Sie das Verb „erfüllen" im Präteritum:*

   Bericht an den Chef:

   Der Bewerber .... alle Voraussetzungen für den Job.

4. *Ergänzen Sie das Verb „erfinden" im Perfekt:*

   Woher hast du das Rezept? Es schmeckt lecker.

   Das .... ich selbst ....

5. *Ergänzen Sie das Verb „erreichen" im Präsens:*

   Du gehst hier immer weiter, dann .... du nach 10 Minuten den Gipfel.

6. *Ergänzen Sie das Verb „erfahren" im Präteritum:*

   Leider .... wir nicht, dass der Kunde angerufen hatte.

Welches Verb passt? Welche Zeit passt? Ergänzen Sie:

1. Diese Sportart .... viel Kraft und Konzentration.

2. Ich .... in der Prüfung die volle Punktzahl ....

3. Seit man die Elektrizität ...., ist es abends überall hell.

4. Wir .... unsere Porzellansammlung durch einen schönen Teller ....

5. Manche Eltern .... ihren Kindern jeden Wunsch.

6. Ich .... gestern ...., dass du krank bist.

Verben mit der Vorsilbe „*ge*"

Die allgemeine Bedeutung der Vorsilbe:
„etwas real werden lassen".

Beispiele:

ge<u>lingen</u> – *Der Erfolg wird real.*
ge<u>nehmigen</u> – *Die Erlaubnis wird real.*
ge<u>schehen</u> – *Ein Ereignis wird real.*

<u>Die Vorsilbe ist nicht betont und nicht trennbar,</u> deshalb wird das Partizip 2 ohne -ge- gebildet.

....

<u>gelingen – gelingt – ist gelungen – gelang</u>   **<u>mit Dativ</u>**

Präsens: *Dieser Kuchen* **gelingt** *mir, da bin ich sicher.*

Perfekt: *Die Party* **ist** *gut* **gelungen**, *alle Leute hatten viel Spaß.*

Präteritum: *Mit diesem guten Ergebnis* **gelang** *dem Skispringer ein neuer Weltrekord.*

....

<u>gehören – gehört – hat gehört – gehörte</u>   **<u>mit Dativ</u>**

Präsens: *Halt! Die Tasche* **gehört** *mir!*

Perfekt: *Früher* **hat** *mir das Haus* **gehört**, *leider musste ich es verkaufen.*

Präteritum: *Das Elsass* **gehörte** *zeitweise zu Frankreich und zeitweise zu Deutschland.*
Deshalb sprechen die Elsässer beide Sprachen.

genehmigen – genehmigt – hat genehmigt – genehmigte
mit Akkusativ   *(mit Dativ)*

Präsens: *Die Ausländerbehörde* **genehmigt** *Ihren Aufenthalt für zwei Jahre.*

Perfekt: *Die Krankenkasse* **hat** *mir eine Kur* **genehmigt.**

Präteritum: *Die Polizei* **genehmigte** *die friedliche Demonstration.*
....

genügen – genügt – hat genügt – genügte
mit Dativ   *(reflexiv) (zu + Inf.)*

Präsens: *Ein Teelöffel Zucker im Tee* **genügt** *mir.*

Perfekt: *Früher* **hat** *den Kindern ein Ball zum Spielen* **genügt.** *Heute haben sie zu viel Spielzeug.*

Präteritum: *Es* **genügte** *früher, eine Geschichte zu erzählen. Heute sieht man viele Filme im Fernsehen.*
....

geschehen – geschieht – ist geschehen – geschah

Präsens: *Schau mal, was* **geschieht** *denn da?*

Perfekt: *Gestern* **ist** *ein Unfall in der Stadt* **geschehen.**

Präteritum: *Vieles, was im Leben* **geschah,** *wird man nie vergessen.*

....

genießen – genießt – hat genossen – genoss   **mit Akkusativ**

Präsens: *Ich* **genieße** *die schöne Zeit mit dir.*

Perfekt: *Den letzten Urlaub in Ägypten* **habe** *ich sehr* **genossen.**

Präteritum: *Der Wissenschaftler* **genoss** *großes Ansehen für seine Leistung.*

Übungen

1. _Ergänzen Sie das Verb „genügen" im Präsens:_

   Ein Teelöffel Zucker im Tee .... mir.

2. _Ergänzen Sie das Verb „gelingen" im Perfekt:_

   Der Käsekuchen .... dir sehr gut ....

3. _Ergänzen Sie das Verb „genehmigen" im Präteritum:_

   Die Behörde .... das Wohngeld für unsere Familie.

4. _Ergänzen Sie das Verb „genießen" im Perfekt:_

   Wir .... den Urlaub am Meer wirklich sehr ....

5. _Ergänzen Sie das Verb „geschehen" im Präteritum:_

   Plötzlich .... etwas, womit keiner gerechnet hatte.

6. _Ergänzen Sie das Verb „gehören" im Präsens:_

   Das Haus mit dem schönen Garten .... unseren Nachbarn.

Welches Verb passt? Welche Zeit passt? Ergänzen Sie:

1. _Die Familienkasse .... gestern das Kindergeld ...._

2. _Lisa hat heute frei. Jetzt .... sie ein gemütliches Frühstück._

3. _Das ist nicht mein Auto. Es .... mir nicht._

4. _Was ist hier los? Was .... ?_

5. _In der Zeitung: Dem Spitzensportler .... ein neuer Weltrekord._

6. _Möchtest du noch ein Stück Kuchen?_

   Nein, danke. Eins .... völlig.

Verben mit der Vorsilbe „über-"

Die betonte Vorsilbe „über" ist sehr selten. Sie bedeutet
meist räumlich „etwas über etwas anderem". Beispiele: <u>über</u>ziehen, ich
ziehe mir etwas über
Wir werden uns hier auf die unbetonte Vorsilbe konzentrieren.

Die unbetonte Vorsilbe über- bedeutet
„zu etwas anderem kommen".

Beispiele:
über<u>holen</u> – Nach vorn kommen.
über<u>legen</u> – zu neuen Gedanken kommen.
über<u>nachten</u> – In einen neuen Tag kommen.

Die Verben mit unbetonter Vorsilbe sind nicht trennbar und bilden ihr
Partizip 2 ohne -ge-.

Die Betonung liegt hier auf dem Grundverb: über<u>holen</u>, über<u>legen</u>, …
…………………………………………………………………………………………

<u>überholen – überholt – hat überholt – überholte</u>   <u>mit Akkusativ</u>

Präsens: *Ich* **überhole** *den langsamen Traktor.*

Perfekt: *Nena* **hat** *Doris in der Größe* **überholt***. Sie ist jetzt größer als Doris.*

Präteritum: *Der Läufer aus Kenia* **überholte** *die anderen und siegte.*
…………………………………………………………………………………………

<u>überlegen – überlegt – hat überlegt – überlegte</u>
(indirekter Fragesatz)

Präsens: *Ich* **überlege***, ob ich mir ein neues Sofa kaufen soll.*

Perfekt: *Meine Tante* **hat überlegt,** *wie sie umweltfreundlicher leben kann.*

Präteritum: *Der Mann* **überlegte** *nicht lange und half der alten Frau über
die Straße.*

überzeugen – überzeugt – hat überzeugt – überzeugte
mit Akkusativ

Präsens: _Dieses Argument_ **_überzeugt_** _mich._

Perfekt: _Der Verkäufer_ **_hat_** _mich von der Qualität der Ware_ **_überzeugt._**

Präteritum: _Der Abgeordnete_ **_überzeugte_** _die Parlamentarier von seiner Idee._

....

übernachten – übernachtet – hat übernachtet – übernachtete

Präsens: _Herr Konrad_ **_übernachtet_** _auf seiner Geschäftsreise im Hotel Adler._

Perfekt: _Im Urlaub_ **_haben_** _wir im Zelt_ **_übernachtet._**

Präteritum: _Der Politiker_ **_übernachtete_** _im besten Hotel der Stadt._

....

übersetzen – übersetzt – hat übersetzt – übersetzte
mit Akkusativ

Präsens: _Sonja_ **_übersetzt_** _den Text ins Englische._

Perfekt: _Der Schüler_ **_hat_** _diesen Abschnitt nicht richtig_ **_übersetzt._**

Präteritum: _Der Dolmetscher_ **_übersetzte_** _die Rede sofort für die_

Fernsehzuschauer.

....

überqueren – überquert – hat überquert – überquerte
mit Akkusativ

Präsens: _Ali_ **_überquert_** _die Hauptstraße, weil er auf der anderen Seite wohnt._

Perfekt: _Wir_ **_haben_** _die Straße_ **_überquert_** _und befinden uns jetzt im Stadtpark._

Präteritum: _Als ich die Straße_ **_überquerte_**_, sah ich den Unfall auf der anderen Seite_

Übungen

1. _Ergänzen Sie das Verb „übernachten" im Perfekt:_

   In unserem letzten Urlaub .... wir im Zelt ....

2. _Ergänzen Sie das Verb „überqueren" im Präsens:_

   Der Mann .... die belebte Straße am Zebrastreifen.

3. _Ergänzen Sie das Verb „überholen" im Präteritum:_

   Der schwarze Mercedes .... den Reisebus.

4. _Ergänzen Sie das Verb „übersetzen" im Perfekt:_

   Ich konnte mit der Spanierin sprechen, denn meine Freundin ....

   alles ....

5. _Ergänzen Sie das Verb „überlegen" im Präsens:_

   Ich ...., ob ich mir ein E-Bike kaufen soll.

6. _Ergänzen Sie das Verb „überzeugen" im Präteritum:_

   Der Verkäufer .... die Kundin von der Qualität des Geräts.

Welches Verb passt? Welche Zeit passt? Ergänzen Sie:

1. _Sei vorsichtig! Der rote VW .... gerade den Bus._

2. _Ja, du hast recht. Du .... mich ...._

3. _Reklamation: Das Hotel, in dem wir .... , war leider nicht sauber und es war nachts laut._

4. _Ich .... mir ...., dass ich mir ein neues Handy kaufen soll._

5. _Polizeibericht: Ein Fußgänger .... gerade die Straße am Zebrastreifen, als der BMW mit hoher Geschwindigkeit um die Ecke bog._

6. _Ich habe eine Mail auf Arabisch bekommen. Ahmad .... sie._

Verben mit der Vorsilbe „*um*"

Die unbetonte Vorsilbe um-:
Die allgemeine Bedeutung dieser Vorsilbe:
„*eine Biegung / ein Kreis um etwas herum*".

zum Beispiel: um<u>armen</u> – Die Arme bilden einen Kreis.
um<u>ge</u>hen – Ich laufe in einem Bogen um etwas herum.

Die betonte Vorsilbe um-:
Die allgemeine Bedeutung ist hier
ein Wechsel, eine Veränderung.
Zum Beispiel: <u>um</u>tauschen – Ich wechsle Geld in eine andere Währung.
<u>um</u>steigen – Ich wechsle das Verkehrsmittel.

Einige Verben mit der Vorsilbe um- gibt es zweimal,
betont und unbetont, mit unterschiedlichen Bedeutungen.

| 1. <u>umgehen, betont: jemanden/etwas irgendwie behandeln</u> |

<u>umgehen</u> – geht <u>um</u> – ist <u>umgegangen</u> – ging <u>um</u>   **<u>mit + Dativ</u>**

Präsens: *Er **geht** sehr streng mit den Kindern **um**.*

Perfekt: *Frau Berberich **ist** immer vorsichtig mit dem Küchengerät* **umgegangen**.

Präteritum: *Der Arzt **ging** immer höflich mit seinen Patienten **um**.*

| 2. <u>umgehen, unbetont: um jemanden/etwas in einem Bogen</u> <u>herumgehen</u> |

<u>umgehen</u> – <u>umgeht</u> – hat <u>umgangen</u> – <u>umging</u>   **mit Akkusativ**

Präsens: *Olga **umgeht** die Baustelle und weicht auf einen Feldweg aus.*

Perfekt: *Mit einem Trick **hat** er die Steuer **umgangen**.*

Präteritum: *Die Demonstranten **umgingen** die Maskenpflicht und die Abstandsregeln.*

---

1. umfahren, betont: an jemanden/etwas beim Fahren stoßen

---

umfahren – fährt um – hat umgefahren – fuhr um   mit Akkusativ

Präsens: Weil die Ausfahrt so eng ist, **fährt** Anita manchmal ihre Blumentöpfe **um**.

Perfekt: Konrad **hat** ein Verkehrsschild **umgefahren**.

Präteritum: Der Fahrer des PKW **fuhr** einen Fußgänger **um**.

---

2.   umfahren, unbetont: um jemanden/etwas in einem Bogen herumfahren

---

umfahren – umfährt – hat umfahren – umfuhr   mit Akkusativ

Präsens: Mia **umfährt** die spielenden Kinder mit ihrem Fahrrad.

Perfekt: Auf der Autobahn war ein Stau. Wir **haben** eine Landstraße genommen und ihn **umfahren**.

Präteritum: Der LKW **umfuhr** das Stadtzentrum.
....

umarmen – umarmt – hat umarmt – umarmte   mit Akkusativ

Präsens: Meine Freundin **umarmt** mich immer, wenn wir uns sehen.

Perfekt: Wir hatten uns lange nicht gesehen, deshalb **haben** wir uns gleich **umarmt**.

Präteritum: Putin **umarmte** den Staatsbesuch, wie es in Russland üblich ist.
....

umtauschen – tauscht um – hat umgetauscht – tauschte um mit Akkusativ

Präsens: Ich **tausche** Euro gegen Dollar **um**.

Perfekt: Die Hose hat nicht gut gepasst. Brigitte **hat** sie gestern **umgetauscht**.

Präsens: Die Kundin **tauschte** das Fernsehgerät wegen einiger Mängel um.

Übungen

1. Ergänzen Sie das Verb „um*gehen* (unbetonte Vorsilbe)" im Präsens:

   Frank .... die Menschenmenge in einem weiten Bogen.

2. Ergänzen Sie das Verb „um*armen*" (unbetonte Vorsilbe) im Perfekt:

   Zum Abschied .... wir unsere Eltern ....

3. Ergänzen Sie das Verb „um*fahren* (unbetonte Vorsilbe)" im Präteritum:

   Der Verkehrsteilnehmer .... die Unfallstelle.

4. Ergänzen Sie das Verb „*um*tauschen" (betonte Vorsilbe) im Perfekt:

   Ich .... das Fernsehgerät ...., weil es nicht gut funktioniert hat.

5. Ergänzen Sie das Verb „*um*gehen (betonte Vorsilbe)" im Präsens:

   Emma .... mit ihrem Geschirr vorsichtig ....

6. Ergänzen Sie das Verb „*um*fahren (betonte Vorsilbe) im Präteritum:

   Stefan .... gestern in der Stadt ein Werbeschild ....

Welches Verb passt? Welche Zeit passt? Ergänzen Sie:

1. Wenn ich meinen Freund Walter sehe, ... wir uns.

2. Das Kleid hat mir doch nicht gefallen, ich .... es gestern wieder

   ....

3. Dort ist viel Wasser auf dem Fußweg . Ich .... es.

4. Der Fahrer des PKW .... die Verkehrsregeln und bog in die Einbahnstraße ein.

5. Herr Schmitt .... mit seinem Handy immer sehr vorsichtig

   ....

6. Heute Morgen .... ich eine Mülltonne ....

Verben mit der Vorsilbe „**unter**"

Die betonte Vorsilbe unter- ist sehr selten und bedeutet meist räumlich „von unten hinein".

Beispiel: unterheben (bei Rezepten)
unterheben – hebt unter – hat untergehoben – hob unter
Ich hebe die Rosinen unter den Teig.

....
.

Wir konzentrieren uns hier auf die unbetonte Vorsilbe „unter".
Die unbetonte Vorsilbe unter- bedeutet „zwischen, miteinander oder unter etwas agieren"

zwischen, miteinander: unterhalten, unterrichten, unterscheiden,
unterstützen,
untersuchen, unterstützen, unterbrechen
unter etwas: unterschreiben, unterstreichen

....

unterhalten – unterhält – hat unterhalten – unterhielt
reflexiv *(mit + Dativ, über + Akk.)*

Präsens: *Vera **unterhält** sich mit ihrer Nachbarin über das Wetter.*

Perfekt: *Wir **haben** uns gestern auf der Party gut **unterhalten**.*

Präteritum: *Bei der Messe **unterhielt** ich mich mit vielen Kunden über unsere Angebote.*

....

unterbrechen – unterbricht – hat unterbrochen – unterbrach   mit Akkusativ

Präsens: *Frau Kraus **unterbricht** ihre Hausarbeit, um das Essen zu kochen.*

Perfekt: *Du **hast** mich dauernd **unterbrochen**. Jetzt lass mich bitte ausreden.*

Präteritum: *Der Präsident **unterbrach** seinen Urlaub wegen der Flutkatastrophe.*

unter<u>nehmen</u> – unter<u>nimmt</u> – hat unter<u>nommen</u> – unter<u>nahm</u>
mit Akkusativ　　　　　*(etwas / nichts gegen + Akk)*

Präsens: *Andreas* **unternimmt** *morgen einen Ausflug in den Tierpark mit seinen Kindern.*

Perfekt: *Herr Müller hatte viele Probleme, aber er* **hat** *nichts dagegen* **unternommen.**

Präteritum: *Angelika* **unternahm** *eine Weltreise auf einem Kreuzfahrtschiff.*

....

unter<u>richten</u> – unter<u>richtet</u> – hat unter<u>richtet</u> – unter<u>richtete</u>
(mit Akkusativ)　　(über +A)　　(in + Schulfach)

Präsens: *Meine Cousine* **unterrichtet** *an einer Grundschule.*

Perfekt: *Herr Klein* **hat** *mich früher in Mathematik* **unterrichtet.**

Präteritum: *Der Kundenberater* **unterrichtete** *den Kunden über die Vertragsbedingungen.*

....

unter<u>schreiben</u> – unter<u>schrieb</u> – hat unter<u>schrieben</u> – unter<u>schrieb</u>
(mit Akkusativ)

Präsens: *Emil* **unterschreibt** *den Mietvertrag.*

Perfekt: *Hier* **hat** *Sara noch nicht* **unterschrieben.**

Präteritum: *Familie Grün* **unterschrieb** *einen Kreditvertrag.*

....

unter<u>suchen</u> – unter<u>sucht</u> – hat unter<u>sucht</u> – unter<u>suchte</u>
mit Akkusativ

Präsens: *Der Orthopäde* **untersucht** *mein Bein.*

Perfekt: *Im Krankenhaus* **hat** *man ihn gründlich* **untersucht.**

Präteritum: *Hauptkommissar Schäfer* **untersuchte** *den Fall.*

Übungen

1. *Ergänzen Sie das Verb „unterschreiben" im Perfekt:*

   Ich .... den Mietvertrag noch nicht ....

2. *Ergänzen Sie das Verb „unterrichten" im Präsens:*

   Vera .... Deutschlerner in einem Integrationskurs.

3. *Ergänzen Sie das Verb „unterhalten" im Präteritum:*

   Die Gäste .... sich angeregt über Politik.

4. *Ergänzen Sie das Verb „untersuchen" im Perfekt:*

   Dr. Braun .... den Patienten gründlich ....

5. *Ergänzen Sie das Verb „unterbrechen" im Präteritum:*

   Der Präsident .... seine Rede, um auf eine Frage zu antworten.

6. *Ergänzen Sie das Verb „unternehmen" im Präsens:*

   Klaus .... eine Kurzreise nach Prag mit seiner Freundin.

Welches Verb passt? Welche Zeit passt? Ergänzen Sie:

1. Frau Müller .... Mathematik am Gymnasium.

2. Du .... mich .... Ich wollte gerade sagen, …

3. Ein Krankenbericht: Am 14. 04. .... Dr. Scholz den Patienten.

4. Die Party war super. Wir .... uns gut ....

5. .... Sie schon den Arbeitsvertrag .... ?

6. Dieses Wochenende .... ich nicht viel. Ich bin nicht fit.

Verben mit der Vorsilbe „*ver*"

Die allgemeine Bedeutung der Vorsilbe „ver-":
„eine starke Änderung", „in einen Zustand kommen"

*Zum Beispiel: ver**bessern** – Veränderung zum Positiven*
*ver**schlechtern** – Veränderung zum Negativen*

Ein Nomen kann als Verb agieren.
*(der Abschied – ver**abschieden**)*

Ein Verb ohne Objekt kann zu einem Verb mit Objekt werden.
*schweigen – ver**schweigen** + Akkusativ*

Die Vorsilbe ver- ist unbetont und nicht trennbar, *daher wird das Partizip 2 ohne -ge- gebildet,*

....

verabschieden – verabschiedet – hat verabschiedet – verabschiedete
(reflexiv, von +Dativ) (mit Akkusativ)

Präsens: *Nach jedem Treffen* **verabschiedet** *sich Herr Braun herzlich von den Mitarbeitern.*

Perfekt: *Die Firma* **hat** *Sandra gestern mit einer kleinen Feier* **verabschiedet.** *Sie geht in Rente.*

Präteritum: *Die Kanzlerin* **verabschiedete** *sich vom Bundestag.*

....

verändern – verändert – hat verändert – veränderte
(mit Akkusativ) (reflexiv)

Präsens: *Das Weltklima* **verändert** *sich und wird wärmer.*

Perfekt: *Der Lottogewinn* **hat** *das Leben von Klaus sehr* **verändert.**

Präteritum: *Der Zustand des Kranken* **veränderte** *sich von Tag zu Tag.*

verbessern – verbessert – hat verbessert – verbesserte
(mit Akkusativ)   (reflexiv)

Präsens: *Der Schüler* **verbessert** *seine Fehler in der Klassenarbeit.*

Perfekt: *Silvias Aussprache* **hat** *sich in den letzten Wochen wirklich* **verbessert.**

Präteritum: *Die Qualität der Luft in den deutschen Städten* **verbesserte** *sich.*
....

verbieten – verbietet – hat verboten – verbot
mit Akkusativ *(und Dativ)*

Präsens: *Der Vater* **verbietet** *dem Sohn das Fernsehen.*

Perfekt: *Die Lehrerin* **hat** *den Schülern das Vorsagen* **verboten.**

Präteritum: *Die Stadtverwaltung* **verbot** *das Parken in der Innenstadt.*

....

verbinden – verbindet – hat verbunden – verband
mit Akkusativ *(und Dativ)*

Präsens: *Die Krankenschwester* **verband** *dem Patienten den Arm.*

Perfekt: *Früher* **hat** *hier eine Eisenbahnlinie die Orte* **verbunden.**

Präteritum: *Die beiden Politiker* **verband** *ein gemeinsames Ziel.*
....

verhaften – verhaftet – hat verhaftet – verhaftete
mit Akkusativ

Präsens: *Der Polizist* **verhaftet** *den Einbrecher.*

Perfekt: *Die Polizei* **hat** *mehrere Demonstranten* **verhaftet.**

Präteritum: *Im Juni* **verhaftete** *die Polizei viele Straftäter.*

Übungen

1. _Ergänzen Sie das Verb "verbessern" im Perfekt:_

   Claudia .... ihre Kenntnisse in Deutsch sehr ....

2. _Ergänzen Sie das Verb „verhaften" im Präsens:_

   Die Polizistin .... einen Dieb im Kaufhaus.

3. _Ergänzen Sie das Verb „verabschieden" im Präteritum:_

   Die beiden Geschäftspartner .... sich am Flughafen.

4. _Ergänzen Sie das Verb „verbinden" im Präteritum:_

   Die beiden Firmen .... das gemeinsame

   Interesse an der Entwicklung neuer Produktionsmaschinen.

5. _Ergänzen Sie das Verb „verbieten" im Präsens:_

   Der Vater .... den Kindern, laut zu sein. Er muss arbeiten.

6. _Ergänzen Sie das Verb „verändern" im Perfekt:_

   Samir .... sich stark ....

Welches Verb passt? Welche Zeit passt? Ergänzen Sie:

1. Ich .... das Handy mit dem Ladegerät.

2. Der Besuch war gestern bis 23 Uhr da. Dann .... er sich

   ....

3. Eintrag im Klassenbuch: Die Leistungen des Schülers

   .... sich weiterhin.

4. Die Demonstration wurde zunehmend aggressiver.

   Die Polizei .... einige der Demonstranten.

5. Ich finde, Sabina .... sich .... Sie ist viel freundlicher.

6. Der Lehrer .... den Schülern, ein Wörterbuch zu benutzen.

Verben mit der Vorsilbe „*vor*"

Allgemeine Bedeutung der Vorsilbe:
1. zeitlich etwas vorher machen
2. räumlich vor etwas sein, vor jemanden treten

Zum Beispiel zeitlich: <u>vor</u>bereiten, <u>vor</u>haben, <u>vor</u>schlagen
Zum Beispiel räumlich: <u>vor</u>lesen, <u>vor</u>stellen

<u>Die Vorsilbe vor- ist trennbar und betont</u>, deshalb bilden die Verben das Partizip 2 mit -ge- in der Mitte

....

<u>vorbereiten – bereitet vor – hat vorbereitet – bereitete vor</u>
(mit Akkusativ)   (reflexiv, auf +A)   (etwas .... für + A)

Präsens: Frau Rose **bereitet** den Salat für das Abendessen vor.

Perfekt: Ich **habe** mich gut auf die Prüfung **vorbereitet.**

Präteritum: Der Abteilungsleiter **bereitete** alles für die Besprechung vor.

....

<u>vorhaben – hat vor – hat vorgehabt – hatte vor</u>
(+ zu + Infinitiv)

Präsens: Stefan **hat vor**, sich impfen zu lassen.

Perfekt: Eigentlich **hat** Cora **vorgehabt**, auszugehen, aber sie war zu müde.

Präteritum: Die Firma **hatte vor**, in den USA zu expandieren.

vorlesen – liest vor – hat vorgelesen – las vor
(mit Akkusativ)   (und Dativ)

Präsens: Oma **liest** den Enkeln eine Geschichte **vor**.

Perfekt: Der Lehrer **hat** den Text zuerst **vorgelesen**, dann haben wir darüber gesprochen.

Präteritum: Der Richter **las** dem Angeklagten seine Rechte vor.

....

vorschlagen – schlägt vor – hat vorgeschlagen – schlug vor

(mit Akkusativ) (und Dativ)(zu + Infinitiv) (dass-Satz)

Präsens: Die Kinder **schlagen vor**, in den Zoo zu gehen.

Perfekt: Der Kellner **hat** dem Gast **vorgeschlagen**, den Braten mit Knödeln zu bestellen.

Präteritum: Der Richter **schlug** den streitenden Parteien einen Vergleich **vor**.
....
vorstellen – stellt vor – hat vorgestellt – stellte vor
(reflexiv) (mit A + D)

Präsens: Frau Bella **stellt** sich bei der Firma als Reinigungskraft **vor**.

Perfekt: Der Chef **hat** den Kollegen die neue Mitarbeiterin **vorgestellt**.

Präteritum: Gestern **stellte** sich ein Bewerber für die Stelle als Manager **vor**.
....

vorkommen – kommt vor – ist vorgekommen – kam vor
(es …, dass)

Präsens: Es **kommt** manchmal **vor**, dass Brigitte einen Termin vergisst.

Perfekt: Das Medikament hat Nebenwirkungen. Müdigkeit und Konzentrationsprobleme **sind** schon **vorgekommen**.

Präteritum: Früher **kam** es häufiger **vor,** dass Kinder bestraft wurden.

Übungen

1. _Ergänzen Sie das Verb „ vorschlagen" im Präsens:_

   Ich ...., dass wir morgen zusammen wandern gehen.

2. _Ergänzen Sie das Verb „vorstellen" im Perfekt:_

   Gestern .... sich Dieter bei einer Chemiefirma ....

3. _Ergänzen Sie das Verb „vorlesen" im Präsens:_

   Jeden Abend .... Cora ihren Kindern eine Geschichte ....

4. _Ergänzen Sie das Verb „vorbereiten" im Präteritum:_

   Die Lehrerin .... den Unterricht für den nächsten Tag ....

5. _Ergänzen Sie das Verb „vorhaben" im Präteritum:_

   Mein Bruder konnte mich am Samstag spontan besuchen.

   Er .... nichts ....

6. _Ergänzen Sie das Verb „vorkommen" im Perfekt:_

   Es .... schon oft ...., dass Schüler keine Hausaufgaben gemacht haben.

Welches Verb passt? Welche Zeit passt? Ergänzen Sie:

1. Gestern Abend .... Maria mir aus der Zeitung ....

2. Ich ...., dass wir morgen einen Ausflug machen.

3. Frau Klein .... gerade das Abendessen ....

4. Ich .... dir jetzt den neuen Chef ...., Herrn Weiß.

5. Es .... manchmal ...., dass Kinder mehr wissen

   als ihre Eltern.

6. Wir kommen gern. Wir .... nichts ....

Verben mit der Vorsilbe „*zu*"

Allgemeine Bedeutung der Vorsilbe:
1. räumlich auf etwas zu
2. zeitlich auf etwas zu
3.

Beispiele, räumlich: <u>zu</u>machen, <u>zu</u>hören, <u>zu</u>schauen
Beispiele, zeitlich: <u>zu</u>bereiten, <u>zu</u>sagen

<u>Die Vorsilbe zu- ist trennbar und betont,</u> *daher bildet man das Parizip 2 mit -ge- in der Mitte, außer wenn das Grundverb eine untrennbare Vorsilbe hat. (zubereitet)*

....

<u>zusagen – sagt zu – hat zugesagt – sagte zu</u>
(+Dativ)   (zu + Inf.)

Präsens: *Ja, wir kommen zur Party. Wir* **sagen zu.**

Perfekt: *Thomas* **hat** *mir noch nicht* **zugesagt.** *Ich weiß nicht, ob er beim Umzug hilft.*

Präteritum: *Der Ministerpräsident* **sagte zu,** *eine schnelle Hilfe für die Betroffenen zu organisieren.*

....

<u>zumachen – macht zu – hat zugemacht – machte zu</u>
  <u>+ Akkusativ</u>

Präsens: *Frau Schäfer* **macht** *ihre Tasche* **zu.**

Perfekt: *Du* **hast** *deine Jacke nicht* **zugemacht.** *Deswegen ist dir kalt.*

Präteritum: *Wegen der Pandemie* **machte** *das Land seine Grenzen* **zu.**

zuhören – hört zu – hat zugehört – hörte zu
(+Dativ)

Präsens: *Das Publikum* **hört** *der Autorin aufmerksam* **zu.**

Perfekt: *Du* **hast** *mir nicht richtig* **zugehört**. *Ich habe gesagt, dass ...*

Präteritum: *Der Redner sprach über eine Stunde, aber alle* **hörten** *gern* **zu.**
....

zuschauen – schaut zu – hat zugeschaut – schaute zu
(+Dativ)

Präsens: *Sabine tanzt und Tim* **schaut** *ihr fasziniert* **zu.**

Perfekt: *Der kleine Junge* **hat zugeschaut**, *wie der Bagger ein Loch gegraben hat.*

Präteritum: *Die Schülerin wollte nicht mitmachen, sie* **schaute** *lieber* **zu.**
....

zustimmen – stimmt zu – hat zugestimmt – stimmte zu
(+Dativ)

Präsens: *Ich* **stimme** *der Wahl zum Elternsprecher* **zu.**

Perfekt: *Ich wollte mit Freunden Silvester feiern, aber meine Eltern* **haben** *nicht* **zugestimmt.**

Präteritum: *Das Parlament* **stimmte** *dem neuen Gesetz mit großer Mehrheit* **zu.**
....

zunehmen – nimmt zu – hat zugenommen – nahm zu

Präsens: *Der Mond* **nimmt** *zuerst* **zu** *und später nimmt er wieder ab.*

Perfekt: *Oje. Meine Waage zeigt mir, dass ich* **zugenommen habe.**

Präteritum: *Der Wert der Aktie* **nahm** *in den letzten Wochen stark* **zu.**

Übungen

1. *Ergänzen Sie das Verb „zustimmen" im Präsens:*

Hassan .... dem Vorschlag ...., einen Sprachkurs zu machen.

2. *Ergänzen Sie das Verb „zusagen" im Perfekt:*

Du ...., mir beim Umzug zu helfen. Danke.

3. *Ergänzen Sie das Verb „zuschauen" im Präteritum:*

Mona und Lisa ...., wie ich tanzte.

4. *Ergänzen Sie das Verb „ zumachen" im Perfekt:*

Das Kind .... seine Augen .... Ich glaube, es schläft.

5. *Ergänzen Sie das Verb „zunehmen" im Präsens:*

Die Nervosität vor der Prüfung .... immer mehr ....

6. *Ergänzen Sie das Verb „zuhören" im Präteritum:*

Die Sängerin war großartig. Das Publikum .... begeistert ....

Welches Verb passt? Welche Zeit passt? Ergänzen Sie:

1. Lara kommt auch zur Party. Sie .... schon ....

2. Ich bin fertig. Ich .... mein Buch jetzt ....

3. Leider .... ich .... Ich darf jetzt keinen Kuchen

und keine Süßigkeiten mehr essen.

4. Du hast recht. Ich .... dir ....

5. Der Lehrer erklärt die Grammatik, aber die Schüler .... nicht ....

6. Die Nachrichten kommen gerade im Fernsehen. Millionen Menschen

....

Lösungen

Verben mit der Vorsilbe ab:

1. Hat Ella schon das Paket bei der Post abgeholt?
2. Der Bürgermeister lehnte das Angebot ab. Er war nicht einverstanden.
3. Warum hast du die Teilnahme am Kurs abgesagt?
4. Die Klasse hat über den Ausflug abgestimmt.
5. Frau Müller wäscht die Teller und Tassen gleich ab.
6. Die Kundin hob das gesamte Geld von ihrem Konto ab.

1. Leider hat der Patient den Arzttermin abgesagt.
2. Das Geschirr ist schon sauber. Papa hat es abgewaschen.
3. Ich hebe jetzt bei der Bank 100 € ab.
4. Das Parlament stimmte gestern über die neuen Maßnahmen ab.
5. Der Richter lehnte eine Neuverhandlung ab.
6. Hast du die Kinder schon von der Schule abgeholt?

Verben mit der Vorsilbe an:

1. Katja meldet sich bei der Sprachschule für einen Kurs an.
2. Frau Schmitt bot ihren Gästen Kaffee und Kuchen an.
3. Die Lehrerin hat der Klasse einen Test angekündigt.
4. Antonio hat beim Bürgerbüro seine Adresse angegeben.
5. Gestern rief meine Schwester bei mir an.
6. Der Zug nach Mainz kommt heute mit Verspätung an.

1. Ich habe mich heute Morgen im Sportverein angemeldet. Jetzt bin in Mitglied.
2. Gestern kündigte der Bundeskanzler neue Gesetze an.
3. Ich habe auf euch gewartet, aber das Flugzeug ist nicht pünktlich angekommen.
4. Schau mal, ich biete dir Schokolade an.
5. Der Angeklagte gab seinen Namen und sein Geburtsdatum an.
6. Vor zehn Minuten hat dein Bruder angerufen. Ruf ihn bitte dringend zurück.

Verben mit der Vorsilbe auf:

1. Mein Wecker hat nicht geklingelt. Darum bin ich heute Morgen zu spät aufgewacht.
2. Ich fahre nach Mannheim. Dort tritt meine Lieblingsband auf.
3. Der Mann fiel durch seine leuchtend rote Jacke auf.
4. Hast du dein Handy schon aufgeladen?
5. Auf dem Weg hat mich leider eine Baustelle aufgehalten.

6. Elena hebt ihre Tasche auf und geht zur Tür.
    1. Otto ist heute Morgen sehr früh aufgewacht.
    2. Schau mal, dort fällt mir eine Frau mit einem großen Hut auf.
    3. Gabi lädt ihren Laptop jeden Tag auf.
    4. Gestern habe ich auf der Straße einen Euro aufgehoben.
    5. Heute Abend tritt meine Lieblingsschauspieler im Theater auf.
    6. Halt! Stopp! Halten Sie bitte diesen Mann auf!

Verben mit der Vorsilbe aus:

1. Die Kundin füllte einen Retoureschein aus.
2. Bitte drucken Sie diesen Brief heute noch aus.
3. Du hast dieses Wort nicht richtig ausgesprochen.
4. Frau Konrad hat in der Boutique viel Geld ausgegeben.
5. Munir geht gern am Samstag Abend aus.
6. Am 05.01.22 fiel der Unterricht wegen Erkrankung des Lehrers aus.

1. Herr Wolf hat gestern im Baumarkt viel Geld ausgegeben.
2. Ich gehe heute Abend mit meinen Freunden aus.
3. Die Teilnehmer füllten ihre Formulare ordnungsgemäß aus.
4. Die Sekretärin druckt den Brief sofort für Sie aus.Verbem
5. Leider fällt der Englischkurs heute aus.
6. Die Schüler haben das Wort richtig ausgesprochen.

Verben mit der Vorsilbe aus:

1. Die Kundin füllte einen Retoureschein aus.
2. Bitte drucken Sie diesen Brief heute noch aus!
3. Du hast dieses Wort nicht richtig ausgesprochen.
4. Frau Konrad hat in der Boutique viel Geld ausgegeben.
5. Munir geht gern am Samstag Abend aus.
6. Am 05.01.22 fiel der Unterricht wegen Erkrankung des Lehrers aus.

1. Herr Wolf hat gestern im Baumarkt viel Geld ausgegeben.
2. Ich gehe heute Abend mit meinen Freunden aus.
3. Die Teilnehmer füllten ihre Formulare ordnungsgemäß aus.
4. Die Sekretärin druckt den Brief sofort für Sie aus.
5. Leider fällt der Englischkurs heute aus.
6. Die Schüler haben das Wort richtig ausgesprochen.

Verben mit der Vorsilbe be:

1. Ich beantrage hiermit eine Fristverlängerung.
2. Der Chefarzt behandelte den Patienten erfolgreich.
3. Wir benötigen von Ihnen eine Unterschrift.
4. Klaus hat das Tempolimit nicht beachtet.
5. Die Kundin bedankte sich für die gute Beratung.
6. Du hast meine E-Mail noch nicht beantwortet.

1. Ich bedanke mich bei Ihnen.
2. Hat der Arzt dich mit Medikamenten behandelt?
3. Das Finanzamt benötigt einen Beleg über den Verdienst.
4. Sie beachteten die Ampel nicht.
5. Hast du den Brief schon beantwortet?
6. Ich beantrage hiermit Kindergeld für meine Tochter.

Verben mit der Vorsilbe ein:

1. Ich schalte meinen Laptop gerade ein.
2. Der Unterricht ist zu Ende. Die Schüler packen ihre Bücher ein.
3. Der Gast trug seinen Namen in das Formular ein.
4. Herr und Frau Walter haben am Samstag eingekauft.
5. Der Patient nahm die Tabletten dreimal täglich ein.
6. Er lädt viele Freunde ein.

1. Die Schüler tragen sich gerade in die Teilnehmerliste ein.
2. Wir haben die Tropfen genau nach Anweisung des Arztes eingenommen.
3. Letzte Woche haben wir nicht eingekauft.
4. Ich packe jetzt alles in das Paket ein.
5. Der Kunde schaltete das Gerät ein, aber leider funktionierte es nicht.
6. Du hast mich zu deiner Party eingeladen.

Verben mit der Vorsilbe ent:

1. Gestern habe ich mein altes Sofa entsorgt.
2. Dieses Getränk enthält Orangensaft, Zucker und Wasser.
3. Schließlich entdeckte sie sie unter dem Sofa.
4. Das Theaterstück hat mich enttäuscht.
5. Herr Kurz entschloss sich, mehr Sport zu treiben und ins Fitnessstudio zu gehen.
6. Brigitte entscheidet sich für die blaue Jacke, weil sie gut zu ihrem Kleid passt.

1. Das Medikament enthält Eisen und Magnesium.
2. Wer hat denn eigentlich Amerika entdeckt?
3. Das Konzert enttäuschte die Zuschauer.
4. Ich habe sie entsorgt.
5. Ich habe mich entschlossen, ab morgen nicht mehr zu rauchen.
6. Elvira entscheidet / entschied sich zwischen dem roten und dem schwarzen Auto.

Verben mit der Vorsilbe er:

1. Dieser Job erfordert viel Erfahrung und Einfühlungsvermögen.
2. Der Bewerber erfüllte alle Voraussetzungen für den Job.
3. Das habe ich selbst erfunden.
4. Du gehst hier immer weiter, dann erreichst du nach 10 Minuten den Gipfel.
5. Leider erfuhren wir nicht, dass der Kunde angerufen hatte.

1. Diese Sportart erfordert viel Kraft und Konzentration.
2. Ich habe in der Prüfung die volle Punktzahl erreicht.
3. Seit man die Elektrizität erfand ist es abends überall hell.
4. Wir haben unsere Porzellansammlung durch einen schönen Teller ergänzt.
5. Manche Eltern erfüllen ihren Kindern jeden Wunsch.
6. Ich habe gestern erfahren, dass du krank bist.

Verben mit der Vorsilbe ge:

1. Ein Teelöffel Zucker im Tee genügt mir.
2. Der Käsekuchen ist dir sehr gut gelungen.
3. Die Behörde genehmigte das Wohngeld für unsere Familie.
4. Wir haben den Urlaub am Meer wirklich sehr genossen.
5. Plötzlich geschah etwas, womit keiner gerechnet hatte.
6. Das Haus mit dem schönen Garten gehört unseren Nachbarn.

1. Die Familienkasse hat gestern das Kindergeld genehmigt.
2. Jetzt genießt die ein gemütliches Frühstück.
3. Es gehört mir nicht.
4. Was ist geschehen?
5. Dem Spitzensportler gelang ein neuer Weltrekord.
6. Eins genügt völlig.

Verben mit der Vorsilbe über:

1. In unserem letzten Urlaub haben wir im Zelt übernachtet.
2. Der Mann überquert die belebte Straße am Zebrastreifen.
3. Der schwarze Mercedes überholte den Reisebus.
4. Ich konnte mit der Spanierin sprechen, denn meine Freundin hat alles übersetzt.
5. Ich überlege, ob ich mir ein E-Bike kaufen soll.
6. Der Verkäufer überzeugte die Kundin von der Qualität des Gerät.

1. Der rote VW überholt gerade den Bus.
2. Du hast mich überzeugt.
3. Das Hotel, in dem wir übernachteten, war leider nicht sauber und es war nachts laut.
4. Ich habe mir überlegt, dass ich mir ein neues Handy kaufen soll.
5. Ein Fußgänger überquerte gerade die Straße am Zebrastreifen, als der BMW mit hoher Geschwindigkeit um die Ecke bog.
6. Ahmad übersetzt sie auf Deutsch.

Verben mit der Vorsilbe um:

1. Frank umgeht die Menschenmenge in einem weiten Bogen.
2. Zum Abschied haben wir unsere Eltern umarmt.
3. Der Verkehrsteilnehmer umfuhr die Unfallstelle.
4. Ich habe das Fernsehgerät umgetauscht, weil es nicht gut funktioniert hat.
5. Emma geht mit ihrem Geschirr vorsichtig um.
6. Stefan fuhr gestern in der Stadt ein Werbeschild um.

1. Wenn ich meinen Freund Walter sehe, umarmen wir uns.
2. Das Kleid hat mir doch nicht gefallen, ich habe es gestern wieder umgetauscht.
3. Dort ist viel Wasser auf dem Fußweg. Ich umgehe es.
4. Der Fahrer des PKW umging die Verkehrsregeln und bog in die Einbahnstraße ein.
5. Herr Schmitt geht mit seinem Handy immer sehr vorsichtig um.
6. Heute Morgen habe ich eine Mülltonne umgefahren.

Verben mit der Vorsilbe unter:

1. Ich habe den Mietvertrag noch nicht unterschrieben.
2. Vera unterrichtet Deutschlehrer in einem Integrationskurs.
3. Die Gäste unterhielten sich angeregt über Politik.
4. Dr. Braun hat den Patienten gründlich untersucht.
5. Der Präsident unterbrach seine Rede, um auf eine Frage zu antworten.
6. Klaus unternimmt eine Kurzreise nach Prag mit seiner Freundin.

1. Frau Müller unterrichtet Mathematik am Gymnasium.
2. Du hast mich unterbrochen.
3. Am 14.04. untersuchte Dr. Scholz den Patienten.
4. Haben Sie schon den Arbeitsvertrag unterschrieben?
5. Dieses Wochenende unternehme ich nicht viel.

Verben mit der Vorsilbe ver:

1. Claudia hat ihre Kenntnisse in Deutsch verbessert.
2. Die Polizistin verhaftet einen Dieb im Kaufhaus.
3. Die beiden Geschäftspartner verabschiedeten sich am Flughafen.
4. Die beiden Firmen verband das gemeinsame Interesse an der Entwicklung neuer Produktionsmaschinen.
5. Der Vater verbietet den Kindern, laut zu sein.
6. Samir hat sich stark verändert.

1. Ich verbinde das Handy mit dem Ladegerät.
2. Dann hat er sich verabschiedet.
3. Die Leistungen des Schülers verbesserten sich weiterhin.
4. Die Polizei verhaftete einige der Demonstranten.
5. Ich finde, Sabina hat sich verändert. Sie ist viel freundlicher
6. Der Lehrer verbot den Schülern, ein Wörterbuch zu benutzen.

Verben mit der Vorsilbe vor:

1. Ich schlage vor, dass wir morgen zusammen wandern gehen.
2. Gestern hat sich Dieter bei einer Chemiefirma vorgestellt.
3. Jeden Abend liest Cora ihren Kindern eine Geschichte vor.
4. Die Lehrerin bereitete den Unterricht für den nächsten Tag vor.
5. Er hatte nichts vor.
6. Es ist schon oft vorgekommen, dass Schüler keine Hausaufgaben gemacht haben.

1. *Gestern Abend hat Maria mir aus der Zeitung vorgelesen.*
2. *Ich schlage vor, dass wir morgen einen Ausflug machen.*
3. *Frau Klein bereitet gerade das Abendessen vor.*
4. *Ich stelle dir jetzt den neuen Chef vor, Herrn Weiß.*
5. *Es kommt manchmal vor, dass Kinder mehr wissen als ihre Eltern.*
6. *Wir haben nichts vor.*

Verben mit der Vorsilbe *zu*:

1. *Hassan stimmt dem Vorschlag zu, einen Sprachkurs zu machen.*
2. *Du hast zugesagt, mir beim Umzug zu helfen. Danke.*
3. *Mona und Lisa schauten zu, wie ich tanzte.*
4. *Das Kind hat seine Augen zugemacht.*
5. *Die Nervosität vor der Prüfung nimmt immer mehr zu.*
6. *Das Publikum hörte begeistert zu.*

1. *Sie hat schon zugesagt.*
2. *Ich mache mein Buch jetzt zu.*
3. *Leider habe ich zugenommen.*
4. *Ich stimme dir zu.*
5. *Der Lehrer erklärt die Grammatik, aber die Schüler hören nicht zu.*
6. *Millionen Menschen schauen zu.*